MW00950759

Laura Seidel

SCAN ME!
For more Products

THIS BOOK BELONGS TO :

_____

_____

Test Color Page

Test Color Page

Test Color Page

Test Color Page

Test Color Page

Test Color Page

Test Color Page

Test color Page

Test Color Page

Test Color Page

Test Color Page

Test Color Page

Test Color Page

Test Color Page

Test Color Page

Test Color Page

Test Color Page

Test Color Page

Test Color Page

Test Color Page

Test Color Page

Test Color Page

Test color Page

Test Color Page

Test Color Page

Test Color Page

Test Color Page

Test Color Page

Test Color Page

Test Color Page

Test Color Page

Test Color Page

Test Color Page

Test Color Page

Test color Page

Test Color Page

Test Color Page

Test Color Page

Test Color Page

Test Color Page

Test Color Page

Test color Page

Test Color Page

Test Color Page

Test Color Page

Test Color Page

Test Color Page

Test color Page

Test Color Page

Test Color Page

Made in United States
Troutdale, OR
10/25/2024

24116735R00058